QUESTIONS

DU JOUR

PAR

PIERRE LEFRANC

Député des Pyrénées-Orientales

PARIS

E. DENTU, LIBRAIRE-ÉDITEUR

PALAIS-ROYAL, 17-19, GALERIE D'ORLÉANS

—

1873

QUESTIONS DU JOUR

PAR

PIERRE LEFRANC

Député des Pyrénées-Orientales

PARIS

E. DENTU, LIBRAIRE-ÉDITEUR

PALAIS-ROYAL, 17-19, GALERIE D'ORLÉANS

—

1873

Tous droits réservés

QUESTIONS DU JOUR

Après six semaines d'agitation stérile, l'Assemblée nationale a bien voulu rendre au pays un peu de repos, en en prenant sa part. De la salle des séances, aujourd'hui déserte, l'outre des tempêtes a été transportée dans le bureau de la mystérieuse commission des Trente, qui la tient sous clef, mais ne la dégonfle pas. Le moment est propice à la méditation, moment très court, trop court, car dès demain se dressera devant nous le grave problème dont nous poursuivons vainement la solution depuis près d'un siècle : fonder un Etat politique nouveau sur des bases solides et durables. A l'œuvre donc les philosophes, les politiques et les moralistes ! Quiconque croit avoir une idée juste est tenu de la produire et de la soumettre au contrôle de l'opinion publique.

Je vais essayer d'apporter mon contingent de
réflexions à l'œuvre commune. Je ne suis mû,
ai-je besoin de le dire, que par un profond
amour de mon pays ; je n'ai d'autre idéal que la
vérité et la justice. Pour en approcher de plus
près, je m'efforcerai de me dégager de toute
idée préconçue et d'oublier jusqu'aux doctrines
que je professe depuis plus de trente ans. Le
culte de la vérité pure exige, je le sais, un certain
courage. Si donc je viens à heurter des opinions
généralement admises dans mon parti, et même
à remettre en question des principes passés à
l'état d'axiomes, mes amis m'excuseront, je l'espère, en faveur de ma bonne foi. Il va sans dire
enfin que je n'engage nullement les opinions du
journal (1) qui veut bien m'ouvrir ses colonnes
en me laissant, avec mon indépendance, toute
ma responsabilité.

PIERRE LEFRANC,

Député des Pyrénées-Orientales.

4 janvier 1873.

(1) *Le Siècle.*

S'il ne s'agissait que d'institutions toutes nouvelles à créer pour un peuple tout nouveau, sans traditions et sans racines dans le passé, tel que serait un groupe d'hommes jeté par aventure sur une terre inconnue, après avoir perdu en route le bagage de préjugés emporté de la mère-patrie, le problème serait déjà bien ardu. La politique, en effet, n'opère pas, comme la chimie, sur des éléments inertes, et le jeu des passions humaines vient souvent déranger les calculs de la théorie. Le problème, un législateur sage ne l'aborderait qu'en prenant pour guide la nature essentiellement libre et sociable de l'homme, et pour règles les conditions nécessaires de la vie de l'homme en société. Les hommes en effet ne s'associent qu'en vue du libre développement des facultés de chacun, sous la garantie de tous, et dans les limites qu'impose le respect du droit d'autrui. D'où les vérités suivantes, qui, pour tout esprit sérieux, sont désormais hors de contestation :

Dans le domaine de la pensée, la liberté de l'homme, isolé ou non, est absolue et sans limites.

Dans le domaine des actes, la liberté de l'homme serait tout aussi illimitée, s'il était seul sur terre, comme Robinson dans son île avant l'arrivée de son compagnon.

En société, l'homme est nécessairement obligé de sacrifier une partie de sa liberté pour obtenir la garantie du surplus ; et de ce sacrifice fait par tous se compose l'*autorité sociale*, qui n'est autre en principe que la liberté même, puisqu'elle est de même nature et qu'elle pourrait tout aussi bien s'appeler la *liberté collective*.

Ces vérités devenues vulgaires, je ne crois pas inutile de les rappeler, attendu que je vois trop souvent opposer, comme émanant de principes contraires, l'autorité à la liberté. Non, non, il n'y a pas deux principes ; il n'y en a qu'un seul, la liberté. Quels que soient les chocs qui puissent survenir entre elles, la liberté individuelle et l'autorité sociale émanent de la même source et sont également respectables. Je n'insiste sur cette identité que pour en tirer deux conséquences rigoureuses et importantes :

1° Si, comme on ne le conteste plus, la liberté de l'homme, qui constitue sa dignité, est de sa nature inaliénable, l'autorité sociale doit nécessairement l'être au même titre et au même degré ;

2° L'individu étant responsable de ses actes vis-à-vis de la société, les détenteurs de l'autorité sociale doivent l'être au même titre et au même degré.

Ces principes posés, quelle serait, dans mon hypothèse, la tâche du législateur?

Cette tâche consisterait :

1° A déterminer d'abord, avec toute la précision possible, l'orbite dans laquelle doit se mouvoir l'autorité, orbite limitative, bien entendu, puisque la liberté individuelle est tout à la fois le droit primordial et le droit commun. C'est ce qu'ont tenté de faire indirectement nos pères, en 1789, en sculptant au frontispice de leur constitution la *déclaration des droits de l'homme et du citoyen*, qui n'est pas, comme on l'a trop répété, un recueil de maximes à reléguer dans un code de morale, car elle a pour objet de soustraire à l'action variable de la loi humaine des droits inviolables. Le procédé seul peut prêter à la critique, vu les dangers d'omission que présente le mode énumératif. Est licite tout ce qui n'est pas formellement interdit. La loi règle et limite l'exercice du droit, mais elle ne le crée pas ;

2° A régler le mode d'investiture et les attributions des agents de l'autorité, puis à fixer la durée de leur mandat ;

3° A définir enfin leur responsabilité en prenant toutes les garanties nécessaires pour la rendre effective et prévenir les usurpations.

Telles devraient être, pour la société abstraite et imaginaire que j'ai prise pour hypothèse, les principales préoccupations du législateur. Quant aux rouages secondaires du mécanisme social, division des fonctions et relations des pouvoirs publics entre eux, le système pourrait en être varié à l'infini, en se prêtant aux lumières de l'expérience, sans qu'il y eût de grands risques à courir ni pour la stabilité ni pour le progrès.

Que les fonctions publiques soient donc nettement définies ; que l'accès en soit ouvert à tous par voie d'élection ; que la durée en soit limitée ; que des précautions efficaces, sans être injurieuses, soient prises contre des velléités d'usurpation : sur ces points capitaux, il n'y aura pas de dissidences possibles. A des individus égaux en droit, sinon en mérite et en aptitudes, il ne viendra certainement jamais la pensée d'aliéner avec la liberté collective leur propre liberté, en déférant, même au meilleur, au plus sage et au plus vaillant d'entre eux, un pouvoir héréditaire.

Le gouvernement naturel des peuples libres, c'est le droit commun, la République.

Que de hauts et puissants barons s'assemblent un jour, qu'ils choisissent l'un d'entre eux et lui disent : « Tu vas régner sur nous, toi et les tiens, jusqu'à l'extinction de ta race, » je le conçois. Campés sur une terre conquise qu'ils sentent frémir sous leurs pieds, ce qu'ils cherchent dans la monarchie, c'est une barrière qui les protége contre le flot de la démocratie dont ils entendent les premiers grondements dans les populations agglomérées. L'élu des

barons, c'est le roi des barons ; ce n'est pas
le roi des serfs. Et qu'on ne m'objecte pas le
concours donné par quelques-uns de nos rois à
l'émancipation des communes. J'ai signalé ailleurs les flatteries de l'histoire et démontré à
quel point il fallait en rabattre. Pour briser les
mailles du réseau de la féodalité qui l'étrei-
gnait à l'étouffer, la royauté naissante avait besoin d'auxiliaires : de là ces chartes communa-
les, chèrement payées d'ailleurs, qui se succèdent pendant tout le cours du douzième et
du treizième siècle. Mais avec le temps la monarchie se consolide-t-elle, adieu les auxiliaires,
serviteur aux communes ! Les chartes sont rap-
portées, le roi redevient ce qu'il n'a jamais cessé
d'être en réalité : le roi de la noblesse et le premier gentilhomme du royaume.

Qu'est-ce donc que la monarchie dans sa véritable essence ? C'est le règne d'une classe sur
une autre, c'est un privilége créé pour proté-
ger d'autres priviléges. Toute monarchie est
fille de la conquête. Là où disparaissent avec
les priviléges les derniers vestiges de la conquête, le monarchie n'a plus de raison d'être.
Chez des égaux, j'entends égaux dans la servi-

tude, il peut y avoir encore place pour le césarisme; mais ceci est une autre affaire. J'y reviendrai ; j'ai hâte de sortir des généralités,
pour entrer dans le domaine des faits. En deux
mots, et je terminerai ainsi cet exposé :

La liberté sans égalité, c'est la monarchie ;

L'égalité sans liberté, c'est le césarisme ;

L'égalité dans la liberté, c'est la République.

II

Je n'ai raisonné jusqu'ici que dans l'hypothèse d'un peuple sans histoire, tel à peu près
qu'étaient les treize Etats unis de l'Amérique
du Nord au lendemain de leur guerre d'indépendance ; mais tels ne sont pas, tant s'en faut,
les peuples de la vieille Europe. Là-bas, sur un
sol vierge, les institutions républicaines ont pu
pousser rapidement de profondes racines, sans
rencontrer pour obstacles les vestiges d'institutions contraires ; et Dieu sait cependant ce qu'il
avait fallu de méditations pleines d'anxiété aux
législateurs des Etats-Unis pour doter leur pays
d'une constitution appropriée à son esprit, à ses
mœurs et à ses aspirations. En Europe, tout au
contraire, et en France plus qu'ailleurs, on ne
peut se mouvoir sans se heurter aux débris du
passé, et les traditions monarchiques y persis-

tent longtemps après que les institutions ont disparu. En un mot, l'Amérique est un pays d'*institutions*, et la France un pays de *traditions*; différence capitale, qui rend chez nous très ardue l'œuvre du législateur.

Aussi, n'en déplaise à ceux de mes amis qui espèrent de bonne foi résoudre toutes les difficultés à l'aide de quelques principes abstraits et absolus, je suis convaincu qu'on ne fondera rien de stable si l'on ne tient compte dans une juste mesure de tous les éléments dont se compose la société française. Malheureusement, et c'est la principale cause de nos désastres, ces éléments sont si hétérogènes et si disparates, que même sur le terrain de la République, où il y a place pour toutes les situations sociales et pour toutes les ambitions légitimes, il est très difficile de les fondre en un tout compacte et solide. Ne nous payons pas de mots, voyons les choses.

L'ordre matériel règne sur toute la surface du pays; mais est-ce donc là le dernier mot d'une société civilisée? Non, certes. Or, l'ordre moral, tout aussi précieux et non moins nécessaire, l'ordre moral n'existe pas. Que dis-je? à plonger l'œil sur l'abîme de discordes qui menace de nous engloutir, on se sent pris d'un effroi qui irait jusqu'à la défaillance, si l'on n'était soutenu par un profond amour de la patrie et par une foi inébranlable dans la grandeur future de ses destinées. Anarchie dans tous les ordres d'idées, anarchie religieuse, philosophique, politique, économique, administrative ; anarchie dans la famille, dans la cité, dans la nation ; anarchie de la base au sommet de la société : tel est le tableau vrai de la France de nos jours. Je ne veux pas l'assombrir, mais je ne crois pas inutile de l'esquisser. On ne guérit le mal qu'après en avoir sondé courageusement la profondeur.

Anarchie religieuse. — L'Église française a perdu ses traditions : le grand Bossuet serait aujourd'hui excommunié comme schismatique ; le concordat, lettre-morte ; les bulles et les encycliques se publient sans l'avis du conseil d'État ; nous avons des prélats qui professent, sans y croire, le dogme de l'infaillibilité papale, et s'y soumettent en apparence après l'avoir contesté. Pour les classes éclairées, Dieu brille, dans toute la splendeur de sa majestueuse unité, au som-

met de l'édifice religieux, comme la raison suprême et la fin suprême ; pour les masses igno-
rantes, il n'y a plus de Dieu, et pourquoi ?
parce qu'il y en a trop, — quatre ou cinq cents,
comme dans la Rome impériale, — tous faisant
miracles, tous sorciers. Ce n'est plus de la religion, c'est de la sorcellerie ; ce n'est plus du
christianisme, c'est du paganisme tout pur. Essayez, gens vraiment pieux, de ramener à la
grande voie de la vraie religion tout ce peuple
égaré dans les sentiers de la superstition ; il vous
lapidera.

Le protestantisme, de son côté, se décompose
et se dissout. Le dernier synode vient de nous
en étaler au grand jour les misères intestines.
Les autoritaires, sous la conduite de M. Guizot,
remontent la pente du catholicisme. Les libéraux, au contraire, se font libres penseurs, et
vont se perdre dans le grand courant de la phi-
losophie où les dogmes religieux ne peuvent
que se noyer.

Anarchie philosophique, — autre tradition per-
due. Fils de la Révolution, nous renions le dix-
huitième siècle, qui en fut le précurseur. La mé-
thode expérimentale est presque abandonnée.

La jeunesse d'élite qui peuple nos écoles va flottant depuis le spiritualisme de M. Jules Simon jusqu'au matérialisme de Vogt, en passant par le positivisme insuffisant de M. Littré, Et, pour éclairer sa route, l'Académie française propose... quoi? L'éloge du Père Bourdaloue.

Anarchie économique. — Après des milliers de discours et de volumes publiés pour et contre le libre-échange, après des traités de commerce qui ont bouleversé le régime de la production, les plus experts ne savent plus à quelles doctrines se rattacher. Telle contrée est libre-échangiste, comme par exemple la Gironde, parce qu'elle exporte des produits à l'abri de toute concurrence; telle autre, comme la Seine-Inférieure, réclame protection parce que ses tissus, renchéris par l'impôt, luttent péniblement contre la concurrence étrangère. Parlerai-je finances? Sous le coup d'une impérieuse nécessité, nous votons des impôts par milliards sans nous soucier le moins du monde des règles de l'équité. Saisir l'argent partout où il est saisissable, nous n'avons plus d'autre système. *Il le faut,* tel est le premier et le dernier argument de tous nos ministres des finances. *Il le faut,* répètent à l'envi toutes nos commissions de budget. *Il le faut :* trouvez-moi réponse à cela. Comme la plupart de mes collègues, j'y cède tout en maugréant, mais je ne serais pas en paix avec ma conscience si je n'avais l'espoir d'y revenir en temps plus opportun.

Anarchie politique. — Sans parler des sectes socialistes qui ne méritent pas les honneurs de la discussion, je connais des républicains modérés et des républicains radicaux, les uns libéraux, les autres autoritaires ; tous d'accord sur le principe abstrait du gouvernement, tous en dissidence sur la réalisation pratique de leurs idées. Pendant ce temps, monseigneur le comte de Chambord réclame son trône à ses cousins d'Orléans, qui le lui ont escroqué, paraît-il, « par larcin subtilement fait, » comme eût dit Panurge. Ceux-ci, de leur côté, le réclament aux Bonaparte qui le leur ont volé à main armée avec quelque chose de plus. Les Bonaparte, enfin, chassés à leur tour, courent après leurs fidèles sujets comme des négriers après leurs nègres échappés. L'un, tout imbu, en plein dix-neuvième siècle, des principes du moyen-âge, prétend y ramener la société moderne : ce qui

2

n'est guère plus difficile que de faire remonter la Seine vers sa source et rentrer l'enfant dans le sein de sa mère. L'autre, la jugeant d'après lui-même, la trouve assez corrompue pour ne mériter que le régime du bâton ; et tous deux, par des voies diverses, aboutissent au même despotisme. On dirait une nation à l'encan.

Anarchie administrative. — Tel ministre est républicain, tel autre royaliste, et ni l'un ni l'autre ne savent ce qui se passe dans leurs bureaux, où se perpétuent les hommes et les traditions de l'empire. Ainsi du haut en bas de l'échelle. Je connais telle cité où la municipalité est radicale, le préfet républicain, le général légitimiste, et le tribunal tout ce qu'on voudra. Avec des agents qui ne s'entendent pas, essayez donc de ramener l'ordre moral dans les esprits !

Le pire (et en y réfléchissant je me laisse parfois aller à une indicible tristesse), le pire, c'est que l'image de la patrie, cette religion des peuples qui n'en ont plus d'autre, va s'obscurcissant de plus en plus dans les cœurs, malgré la cruelle leçon que nous venons de recevoir. Nous n'aimons plus assez la patrie ; nous ne l'aimons plus, comme nos pères, au point de lui sacrifier fortune et vie. C'est à peine si, pour la sauver, le meilleur d'entre nous saurait faire le sacrifice complet de ses opinions politiques. Enfants d'un même pays, nous sommes plus ennemis les uns des autres que de l'étranger ; le sentiment de la solidarité nous abandonne. La guerre! la terrible guerre! Eh! les contrées qui n'ont pas vu le feu des bivacs allemands l'ont déjà oubliée! Et pourquoi s'en souviendraient-elles? C'est à peine si elles en ont ressenti les désastres! Que dis-je? Il y en a qui y ont gagné et y gagnent encore. Les propriétaires du Midi placent leurs épargnes en fonds d'Etat à 6 p. 100 au lieu de 4 1/2 ; la guerre n'a pas jeté d'autre perturbation dans leurs affaires. Patrie, où es-tu? Pour les dévots, la patrie est au ciel; pour l'ultramontain, à Rome; pour le capitaliste, partout; et pour l'affilié de l'Internationale, nulle part!

Voilà la France telle que nous l'ont faite, non pas les révolutions, comme se plaisent à le dire les partisans de l'ancien régime, mais bien les obstacles apportés par les ennemis de la Révolution à son légitime et pacifique développement. **Au** fleuve, ils ont opposé digue sur digue en travers du courant, et le fleuve a débordé. A qui la faute?

III

L'ordre moral étant troublé à ce point qu'il ne nous reste pas un seul principe incontesté, et que, semblables à des étiquettes sur des cartons vides, les mots ne répondent plus aux choses, l'ordre, si indispensable à la régénération de la France, qui le rétablira?

L'Assemblée nationale? Oh! pour rien au monde je ne voudrais me faire de nouvelles affaires avec mes collègues; mais, dût-on me ramener aux carrières, je dois le répéter, parce que c'est une vérité de toute évidence : divisée, comme elle l'est, en sept groupes distincts, qui représentent pour le moins quatre idées inconciliables, l'Assemblée nationale contient dans son sein tous les éléments du désordre national, dont elle est la parfaite image et la plus haute expression. Or, si l'ordre vient à naître du désordre, ce sera un beau miracle, mais je ne l'espère pas.

Et cependant, sous peine d'être dévorés par le sphynx qui nous attend demain au tournant de la route, nous devons répondre aux questions suivantes :

Le provisoire actuel peut-il se prolonger indéfiniment?

L'Assemblée nationale, telle quelle est, sans modifications, peut-elle et doit-elle doter la France d'institutions définitives ?

Quelle doit être, en tout cas, la nature de ces institutions ?

Le provisoire, je l'ai compris à Bordeaux. Débarqués des quatre coins de l'horizon politique, sans autre mission positive que la reconstitution, sous un régime indéterminé, des forces vives de la France, nous nous sommes trouvés face à face et reconnus pour de vieux adversaires aussi irréconciliables qu'en 1851. Heureux fûmes-nous que la France, mieux avisée que nous-mêmes, nous eût clairement signifié sa volonté en acclamant le seul grand citoyen assez autorisé pour imposer silence, au nom du salut public, à tous les partis ! MM. les royalistes, qui se trouvaient alors en notable majorité, semblent regretter aujourd'hui de n'avoir pas immédiatement posé la question de monarchie ou de république. Je vais adoucir leurs regrets et tranquilliser leur conscience.

D'abord, l'assentiment de M. Thiers eût été indispensable. Quand on représente à soi seul vingt-six départements, on a quelque poids à jeter dans la balance. A MM. les légitimistes, qui arrivaient sous son couvert, comme marchandise ennemie sous pavillon neutre, M. Thiers aurait pu répondre : « En l'absence de toute indication précise, vous qui n'avez arboré aucune bannière en sollicitant le mandat de vos concitoyens, êtes-vous bien sûrs que la France veuille retourner à une monarchie quelconque ? Eh ! moi-même je ne connais pas très-bien le sens politique de mes vingt-six mandats ! (Et, en effet, il ne l'a compris, à n'en plus douter, qu'en se voyant remplacer à l'Assemblée par une vingtaine de républicains). Attendez au moins que l'Assemblée se soit complétée, et que la nation, revenue de son évanouissement, ait manifesté l'ombre d'une préférence. » Telle aurait pu être et telle a été peut-être la réponse de M. Thiers.

Je soutiens en second lieu que les hommes des vieux partis sont allés jusqu'aux limites du possible en lançant presque chaque jour, du haut de la tribune, des ballons d'essai aux armes de la *maison de France*, et ce n'est pas leur faute si les ballons ont crevé comme des bulles de savon. Or, à cet appel, comment répondirent les chaumières de France et les ateliers de France, qui tous ensemble valent bien la *maison de France* et même un peu plus? Par des élections municipales républicaines et par les élections du 2 juillet, qui envoyèrent à l'Assemblée une centaine de républicains de la couleur la plus tranchée. Etait-ce assez clair?

Le provisoire, je l'ai compris encore même après le 2 juillet. On était à peine remis des effroyables émotions de la guerre civile. De l'ancienne armée il ne restait que des débris. Nous avions enfin à voter et à réaliser les impôts et les emprunts nécessaires à la libération du territoire. Le seul fruit à recueillir du 2 juillet, c'était une ébauche de constitution qui donnât au gouvernement un peu de consistance et de force en lui garantissant un lendemain. Ce fut la constitution Rivet.

Mais depuis que l'armée et les finances ont été réorganisées, depuis que les derniers impôts et le dernier emprunt ont été votés, depuis enfin que l'administration générale du pays marche comme dans les temps réguliers, le provisoire, je ne le comprends plus. Qu'attend-on pour y mettre fin?

La question, ce n'est pas moi qui la pose, c'est tout le monde; c'est surtout l'industrie et le commerce qui ne sauraient engager d'opérations à long terme sans savoir d'avance sous quel régime elles se termineront. Qui donc s'oppose à la constitution d'un gouvernement définitif? Les partis monarchiques. Et pourquoi? Parce que, n'ayant pu se mettre d'accord entre eux, ils attendent du hasard quelque événement: un décès, par exemple, qui serve leurs secrets desseins. Et ce sont les mêmes hommes, remarquez-le bien, qui, après le 29 juillet 1830, crièrent bien haut que la France ne pouvait rester plus de quinze jours dans le provisoire sans courir à sa ruine. Aussi bâclèrent-ils en huit jours un gouvernement d'expédient qui ne fut même pas soumis à la ratification du pays. O éternelle bonne foi des partis!

Mais, dira-t-on, la France n'a pas trop souffert depuis deux ans du régime provisoire, puisque, si l'on ajoute foi au Message de M. le Président de la République, jamais les affaires n'ont été plus florissantes. C'est vrai; mais parmi les diverses causes de cette prospérité renaissante, il en est une qui ne doit pas échapper à l'observateur : c'est que si l'Assemblée s'obstine à tenir pour provisoire la forme républicaine et le rappelle à tout propos, le pays, tout au contraire, la tient depuis longtemps pour définitive. En veut-on une preuve évidente ? L'inquiétude générale et la stagnation des affaires datent précisément du jour de l'interpellation Kerdrel, qui a tout remis en question. La crise dure encore, et la crise se prolongera, quoi qu'on fasse, jusqu'à l'adoption d'un régime définitif.

En vérité, à part les quelques mauvaises lois qui s'élaborent encore dans l'ombre des commissions, à part les guet-apens projetés contre le suffrage universel et contre l'instruction publique, on ne voit pas, au point de vue du sujet qui m'occupe, quel intérêt pourrait avoir l'Assemblée nationale à prolonger indéfiniment son existence. L'Assemblée se prétend constituante; il ne m'en coûte pas plus d'y consentir que de reconnaître à un paralytique le droit de marcher. Mais, telle qu'elle est aujourd'hui, dans trois mois, dans six mois ou dans un an, que peut-elle constituer ?

Rien, et je vais le démontrer.

IV

Pendant les dernières vacances, j'ai vécu
d'une illusion qui s'est envolée avec les feuilles
d'automne. Je ne m'abusais pas sur les tendan-
ces manifestées jusqu'alors par la majorité de
l'Assemblée. Mais, après tout, me disais-je, il
ne s'y trouve, tout compte fait, que trois cents
députés au plus qui, par convictions, souvenirs
ou traditions de famille, soient retenus dans les
eaux de la monarchie. Ceux-là, ce sont les seuls
irréconciliables de la République. Sur les con-
fins obscurs du centre gauche et du centre droit,
j'en vois une centaine au moins qui, en s'unis-
sant aux diverses fractions de la gauche, pour-
raient compléter une majorité suffisante pour
établir une République conservatrice selon le
vœu de M. Thiers et de tous mes amis. Eclairés
par une expérience décisive, inspirés par le
patriotisme, dociles à la voix du pays qui se

prononce avec une énergie persistante et crois-
sante, rassurés enfin par les opinions éminem-
ment conservatrices de M. Thiers, ils y vien-
dront sans doute à la suite de l'illustre général
Chanzy qui leur a donné à ce sujet un noble
exemple, et se feront républicains par nécessité. Que ces *tardvenus* exigent des garanties,
qu'ils émettent même des prétentions exagérées :
je connais assez l'abnégation de mon parti pour
être certain d'avance que l'on fera une large
place aux nouveaux convertis. Ainsi se serait
réalisé le seul conseil que je me sois permis de
donner depuis le 4 Septembre : ouvrir à deux
battants les portes de la République et garder
les portes.

Mon illusion a duré jusqu'à la lecture du
Message de M. le Président de la République,
lequel se résumait en deux mots : « Nous voici
arrivés au point prévu où la route se bifurque.
Sur l'un des côtés du poteau, il est écrit *Monarchie;* sur l'autre *République.* Il faut absolument
prendre à droite ou à gauche. Le pays a déjà
fait son choix, le mien n'est pas douteux : qui
m'aime me suive. » J'ai applaudi : connaissant
l'extrême prudence, non moins que la rare ha-

bileté de M. Thiers, aurais-je imaginé qu'il eût pu faire ce pas décisif sans être sûr d'être suivi? L'accueil fait au Message par le centre droit m'a causé la plus cruelle déception.

Et maintenant, divisée comme elle l'est en deux grandes fractions à peu près égales, qui se tiennent en échec et se condamnent réciproquement à l'impuissance, comment l'Assemblée pourrait-elle doter le pays d'institutions définitives? Et comment donnerait-elle à une constitution l'autorité morale qui naît des convictions fortes non moins que du nombre des suffrages? Que fondera-t-elle enfin, puisque tôt ou tard il faudra en venir là?

Une monarchie? Et laquelle?

L'ancienne, celle qui avait pour origine la conquête et pour base les priviléges de caste? Mais elle a été déjà restaurée par deux fois et dans les conditions les plus favorables. Et il a suffi d'ouvrir les yeux pour voir à quel degré elle était devenue incompatible avec la France nouvelle. Que ses partisans nous parlent encore, — et de très bonne foi, je le veux croire, — de droit national, de libertés politiques et religieuses, voire d'égalité, — après les ordonnances du 26 juillet, surtout après les manifestes récents de Mgr le comte de Chambord, j'écoute et je souris. A ces vagues généralités, à ces promesses équivoques, je préfère le franc et loyal langage du descendant de Louis XIV, qui, dût-il se faire un linceul du drapeau de ses pères, n'entend nullement être le roi de la révolution. Or, la révolution date en France du 20 juin 1789, du jour où une grande assemblée élue par la nation s'est déclarée souveraine et constituante, à l'encontre de tout autre souverain dont la déchéance était ainsi proclamée de fait et de droit. Que si l'on peut d'un trait de plume retrancher un siècle de l'histoire, anéantir l'œuvre de nos pères, et nous reporter à la veille du 20 juin, je ne m'y oppose pas; mais je ne conseille à personne de l'essayer. Je n'insiste pas : je traite un sujet sérieux, et je dois des égards à mes lecteurs.

La monarchie contractuelle, constitutionnelle, équivoque, fictive, quasi-légitime, c'est-à-dire bâtarde, de 1830? Mais nous en avons essayé aussi; et certes, pour durer, rien ne lui a manqué, ni les qualités éminentes du monarque, ni le concours des classes éclairées, ni les circons-

tances extérieures; rien, si ne n'est un principe
de vie. Toute l'habileté des hommes n'a pu faire
d'une fiction une réalité, et d'un mensonge une
vérité. Entre les contractants de 1830 il existait
un gros malentendu qui, longtemps voilé par
les formes parlementaires, a fini, en éclatant au
grand jour, par rompre le contrat. En se don-
nant un roi irresponsable et en le condamnant à
l'inaction qui doit être la conséquence nécessaire de l'irresponsabilité, la bourgeoisie française avait cru organiser sérieusement le gouvernement du pays par le pays ; tandis que l'élu,
tout au contraire, se promettait bien de saisir
lui-même, au premier moment opportun, les
rênes du gouvernement. Tant que l'émeute
républicaine ou légitimiste a grondé dans la
rue, la garde nationale, qui était la force morale du règne, s'est rangée autour du roi pour
faire face à l'ennemi commun. Le calme ré-
tabli, le royal Sixte-Quint a jeté ses béquilles
et, après avoir subi, non sans dépit, M. Laf-
fitte, M. Casimir Périer et M. Thiers lui-même,
il n'a plus voulu voir dans ses ministres que
ses premiers sujets. Les parlementaires lui
ont répondu par la coalition de 1839. Le roi a

répliqué en faussant les élections, et en se créant
une majorité factice, grossie de deux cents fonctionnaires qui ne représentaient pas plus la nation que les vizirs ne représentent le peuple turc
auprès du sultan. Mais l'opposition, chassée de
la Chambre, s'est retrouvée dans les banquets, et
le régime né d'une barricade est mort à la barricade suivante, comme ces gouvernements éphé-
mères qui se proclament dans les émeutes et se
succèdent avec la rapidité des fluctuations populaires. Dix-huit ans, dix-huit jours, dix-huit
heures, c'est tout un au point de vue des principes, et la monarchie de Juillet n'a été qu'une
halte entre deux révolutions.

Est-ce là une expérience à recommencer? Et
avec le suffrage universel? Folie! Régner sans
gouverner, non sens! Agir sans être responsable, absurdité! Ou votre monarque de parade
se renfermera honnêtement dans la sphère de ses
fonctions négatives et humiliantes, et alors je ne
lui donne pas six mois avant d'être mis à la re-
traite par suppression d'emploi; ou bien il en
sortira, et, pour obtenir un bill d'indemnité, il
corrompra l'électeur ou l'élu, le suffrage ou le
Parlement, peut-être tous deux à la fois, et nous

voilà de nouveau à la veille d'une révolution.

Après les égorgements du boulevard Poissonnière, première étape de la voie qui aboutit à Sedan, je ne cote que pour mémoire l'hypothèse d'un troisième empire. Le césarisme n'a surgi et n'a vécu en France que de l'hostilité des classes, soigneusement entretenue par une politique astucieuse dont nous recueillons les fruits. La sinistre Commune en est la fille légitime. Le César moderne, c'est le podestat italien du quatorzième siècle. Noblesse et bourgeoisie d'une part, peuple gras et peuple maigre de l'autre, sont constamment aux prises. On nomme un arbitre, l'arbitre se fait tyran, et tous ensemble, noblesse, bourgeoisie et peuple, vont se reposer des orages de la liberté dans les cachots des Eccelino et des Visconti. Le jour où, par une dernière abdication, la France se déclarera incapable de supporter le régime de la liberté, ce jour-là son heure aura sonné. Avant d'abattre l'empire romain, les barbares en avaient déjà plusieurs fois saccagé la capitale, et malheureusement pour nous les barbares connaissent aussi le chemin de Paris.

En résumé, des trois classes, — noblesse,

bourgeoisie, peuple, — qui, depuis de longs siècles, se heurtent sur le sol français sans parvenir à s'y fondre en une seule, chacune a eu à son tour son représentant couronné. Trois fois, en une quarantaine d'années, le quartier général de la monarchie s'est déplacé. Du faubourg Saint-Germain, le trône s'est transporté à la place de la Bourse, pour descendre ensuite à la place Maubert. On a pu en repêcher les débris dans la rade de Cherbourg et dans les eaux du Havre. On ne le retirera pas de la boue de Sedan.

A ceux enfin qui, sourds aux leçons de l'histoire, persisteraient à chercher dans les institutions monarchiques un gage de paix, d'ordre et de sécurité qu'elles ne comportent plus, je me bornerai à poser deux simples questions :

1° Y a-t-il, dans la majorité de l'Assemblée, un groupe assez fort pour imposer aux deux autres la dynastie de son choix? En connaît-on un seul qui, sur sept cent cinquante voix, en puisse réunir plus de deux cents?

2° A supposer qu'elle parvienne à s'établir par un événement quelconque, l'une des trois dynasties n'aurait-elle pas nécessairement contre elle les partisans des deux autres, sans compter les républicains, qui paraissent déjà réunir à eux seuls la majorité du pays? Pour résister à tant d'ennemis, ne serait-elle pas acculée, dès le premier jour, aux seules ressources des pouvoirs chancelants : la violence et la corruption?

Le bon sens public a déjà répondu.

J'ai constaté l'impuissance de l'Assemblée. Je n'attends plus d'elle que la prolongation indéfinie d'une équivoque qui serait déjà désastreuse si la nation ne se montrait plus sage que ses magistrats. Je ne souhaite même plus que les astres errants du centre droit se fixent dans le ciel du centre gauche pour y verser des torrents de lumière. Après tant de tergiversations, leur concours intéressé me deviendrait suspect. Je ne crois qu'aux œuvres spontanées et de bonne foi. Il y a vingt-cinq ans, j'ai voté, moi républicain, contre une constitution républicaine faite par des royalistes qui la bafouèrent dès le lendemain. Dans cette œuvre dérisoire, il y avait un infanticide prémédité. Je n'en ai été ni dupe ni complice ; je ne le serai pas plus en 1873 qu'en 1848.

L'avenir ne peut et ne doit être réglé que par une Assemblée nouvelle ou par l'Assemblée actuelle profondément modifiée. Étant donné l'état de l'esprit public, un renouvellement partiel d'un tiers suffirait pour faire pencher d'un côté ou de l'autre la balance indécise, et l'on peut déjà prévoir le moment où le gouvernement lui-même sera obligé de le demander comme solution d'une crise qui ne s'apaise aujourd'hui que pour renaître demain.

Quelles seront les institutions nouvelles? Je ne crois pas qu'il y ait lieu d'élaborer de toutes pièces une constitution en cent ou deux cents articles; mais tout au moins faudra-t-il déterminer la base et la nature des grands pouvoirs publics, leurs attributions respectives, la durée des fonctions et le mode du renouvellement du mandat. Ainsi restreinte, la question est encore assez vaste pour mériter l'attention de tous les esprits réfléchis.

Ni les projets ni les précédents ne font défaut. J'ai sous les yeux entre autres un fort remarquable travail de mon éminent collègue M. Laboulaye, dont personne ne conteste la compétence. Par son caractère comme par ses études de prédilection, M. Laboulaye est Américain. Pour ne pas accepter toutes ses idées, je suis obligé de me tenir en garde contre les séductions de ce charmant esprit ; mais, qu'il me permette de le lui dire : s'il a pu, dans une spirituelle fiction, transporter Paris en Amérique, je ne crois pas qu'il puisse en réalité transporter en France New-York ou Boston.

Non, nous ne sommes pas Américains ; nous sommes un grand Etat centralisé, et non une agrégation d'Etats. Notre société se compose d'éléments divers. Nos institutions sont démocratiques, nos mœurs ne le sont pas encore ; la base de notre droit public est le suffrage universel ; notre état religieux est régi par un concordat. La France enfin n'est pas isolée en Europe. Outre l'entretien de grandes armées permanentes, la situation délicate d'une République entourée de monarchies puissantes et ombrageuses impose à sa diplomatie une grande circonspection. Ne pas tenir compte de ces considérations dans le choix de notre régime intérieur, ce serait nous exposer à des mécomptes et peut-être à de cruelles déceptions.

En république comme en monarchie, je ne

vois, moi, que deux systèmes généraux : gouvernement collectif ou gouvernement personnel, entre lesquels il faut d'abord faire un choix. Ils ont tous deux leur raison d'être, et tous deux réussissent selon les temps et les lieux. Pour les exposer plus clairement, je vais, en changeant d'ordre d'idées, emprunter une comparaison au régime des grandes sociétés industrielles, financières et commerciales, où les deux types se retrouvent exactement.

Les deux régimes sont l'anonymat et la commandite. Dans l'anonymat, c'est un conseil de dix-huit ou vingt membres qui administre lui-même et directement. L'agent principal, qui, sous le titre un peu ambitieux de directeur, est chargé de l'exécution des ordres du conseil, assiste aux délibérations, mais avec voix consultative seulement ; toute initiative lui est interdite, et sa responsabilité ne s'étend pas au delà de sa sphère d'action.

L'anonymat convient aux entreprises essentiellement conservatrices, dont la bonne gestion, reposant sur des règles fixes, n'exige pas grands efforts d'imagination et redoute même les témérités du génie de l'invention. C'est ainsi, par exemple, que sont constituées les compagnies d'assurances. Ce serait le régime républicain par excellence si tous les actionnaires avaient voix au chapitre en assemblée générale ; exclus, comme ils le sont, par les statuts, les petits actionnaires laissent la place à une oligarchie.

Dans la commandite, au contraire, c'est un gérant qui administre, sous le contrôle d'un conseil de surveillance ; les rôles sont renversés.

La commandite s'adapte fort bien aux entreprises plus ou moins hasardeuses, telles que les exploitations de mines, où l'initiative individuelle, l'audace même, peuvent être des conditions de succès. Pour la garantie des intéressés, il suffit que le contrôle du conseil de surveillance soit sérieux et efficace.

Je ne prétends pas assimiler complétement aux associations commerciales les sociétés politiques, dont les intérêts sont bien autrement graves et complexes; mais l'analogie me paraît propre à jeter un peu de jour sur la question.

Je comprendrais l'anonymat, c'est-à-dire le gouvernement des assemblées, chez une nation homogène, vivant de son passé, n'ayant que peu ou point d'éléments de trouble à l'intérieur et pas de voisins gênants. Pour la France, j'entends la France de nos jours, et réserve faite de l'avenir, je ne le comprendrais pas.

Mais quoi ! me disent les vieux partisans du vieux régime parlementaire, c'est donc au régime du gouvernement personnel que vous nous ramenez, après l'avoir si vivement combattu ? — Je réponds sans hésiter : OUI ; et le spectacle que me donne l'Assemblée actuelle, n'est certes pas fait pour modifier mon opinion. Mais, entendons-nous : des deux termes de ma proposition, il en est un, le contrôle, qu'il ne faudrait pas négliger. Ce n'est pas, et ici j'invoquerais au besoin le témoignage de M. le Président de la République, ce n'est pas tant au pouvoir personnel que sont dus nos désastres qu'à l'absence de tout contrôle et de tout frein à ses caprices et à ses folies. Est-ce que, du 2 Décembre 1851 au 4 Septembre 1870, la France a joui d'une représentation sérieuse ? Émané de la volonté du maître, le Corps législatif pouvait-il refléter autre chose que la volonté du maître ? Était-il rien de plus qu'un simple bureau d'enregistrement ? est-ce qu'une assemblée indépendante par son origine n'aurait pas, dès le début, enrayé l'Empire sur la pente fatale où il s'engageait? Aurait-elle voté la guerre d'Italie, l'expédition du Mexique et la funeste inaction de 1866? Même au 15 juillet 1870, n'aurait-elle pas réfléchi avant de nous lancer étourdiment dans la plus folle des aventures?

Non, s'il n'est pas héréditaire, et si, de plus, il est contenu dans de justes limites, le pouvoir personnel avec responsabilité effective ne m'effraye pas; et, lors même qu'il me causerait quelque appréhension, je m'y résignerais encore, par cette raison unique qu'il me paraît indispensable dans l'état actuel de la France, l'avenir réservé.

Non, je ne veux point pour le moment du gouvernement des assemblées, et des assemblées issues du suffrage universel moins que de toutes autres, parce que si le nombre représente fort bien le *sentiment public,* souvent passionné, mobile et variable, mes amis en conviendront, il ne représente qu'à un degré moindre la *raison publique,* réfléchie, éclairée, consistante, persistante, à esprit de suite, à longue vue, qui doit présider aux actes d'un gouvernement sans cesse aux prises avec d'effroyables difficultés.

Aussi, quand je vois des hommes graves, comme M. Louis Blanc, imaginer en France, dans la France de 1873, une République sans présidence, je me demande à quoi servent les leçons de l'histoire. Dans le système de M. Louis Blanc, inspiré par une crainte sage, mais exagérée, des usurpations, le pouvoir exécutif serait exercé par un président du conseil des ministres, à la dévotion et aux ordres d'une Assemblée qui probablement lui demanderait compte chaque jour et à chaque heure, et de ce qu'il ferait et de ce qu'il ne ferait pas. Un tel fonctionnaire serait, comme on dit vulgairement, dans ses petits souliers, sans compter que ses agents, exposés à tous les coups de vent des passions politiques, jouiraient d'un grand crédit à l'étranger ! Pour obtenir toute la stabilité des sables du Sahara, il ne manquerait plus que de limiter à une année le mandat des Assemblées : autre utopie qui a aussi ses partisans. Ainsi se réaliserait le *gouvernement du peuple par le peuple,* grands mots vides de sens, dont on se paye dans les réunions publiques et qui ne soutiennent pas l'examen. Mais non, ce fameux gouvernement du peuple par le peuple, on ne l'aurait pas encore, il y faudrait de plus le mandat impératif. — Et pourquoi pas? disent les théoriciens à outrance. Est-ce que le mandataire ne doit pas se conformer exactement aux ordres de son commettant? — Sans doute. Le médecin, le notaire, l'avoué et l'avocat sont aussi les mandataires de leurs clients ; dès lors c'est sous la dictée de leurs clients qu'ils doivent formuler leurs ordonnances, rédiger leurs contrats, diriger les procédures et plaider les procès.

Je ne m'arrêterai pas davantage aux rêveries des utopistes et des sectaires. Je veux une présidence, et, pour lui donner quelque consistance, je la veux pour cinq ans au moins, avec rééligibilité une fois seulement. L'institution d'une vice-présidence, acte de simple prévoyance, en découle naturellement et ne se discute pas. Quant aux attributions, j'y reviendrai après avoir indiqué, du sommet à la base, la constitution des pouvoirs publics.

VI

Il est une autre question qui a soulevé de tout temps et qui soulève encore, en ce moment, d'ardentes controverses. Le pouvoir législatif sera-t-il dévolu à deux Chambres ou à une seule ? M. le Président de la République tient pour le premier système ; il apporte même à le soutenir toute la passion qui naît chez lui de l'énergie des convictions. Tel est aussi l'avis de M. Laboulaye et de beaucoup d'autres.

Je ne répéterai pas tout ce qui a été dit contre le système d'une Chambre unique. Le pouvoir en réalité ne se divise pas ; il est toujours quelque part, ici ou là, tout entier. S'il est à la Chambre, voilà un chef d'Etat contraint d'exécuter des lois qu'il n'approuve pas, ou de suivre une ligne politique contraire à ses propres vues ; s'il est au Président, et il se traduit en ce cas par la faculté de dissolution, il devient excessif et dangereux. Survienne un conflit entre deux pouvoirs indépendants l'un de l'autre, qui le résoudra? La seconde Chambre, dit M. Thiers, la Chambre haute, qui, en cas de dissentiment avec la première, pourra en prononcer ou tout au moins en provoquer la dissolution.

J'y souscris. Je ne me soucie pas plus que M. Thiers de confier au hasard les destinées de mon pays. Sur la mer orageuse du suffrage universel, la voile ne suffit pas, il faut du lest; mais ce lest, cette seconde Chambre, cette Chambre introuvable, où la prendrez-vous?

Sera-t-elle, comme l'ancienne pairie ou le sénat de l'Empire, à la nomination du pouvoir exécutif, les choix étant même restreints, ou par la loi ou par la pratique, dans des catégories déterminées? Mais l'expérience a prononcé. Si riche qu'il puisse être en lumières et en vertus, tout corps politique qui n'a pas ses racines dans le sol du pays est d'avance dépourvu d'autorité morale et frappé d'impuissance; c'est dans la Chambre élue que se concentreraient la popularité, le mouvement, la vie. Jamais d'ailleurs une nation justement susceptible ne tolérerait que ses élus fussent à la discrétion de rivaux qu'elle n'aurait pas elle-même investis de sa souveraineté.

Extraira-t-on la seconde Chambre du sein des conseils généraux ? Il en est question. Je ne suis pas de cet avis. Elues en vue d'intérêts spéciaux, les assemblées départementales n'ont ni qualité ni compétence pour en traiter d'autres. Après les précautions qu'on a prises pour les éloigner de la scène politique, après qu'on leur a interdit jusqu'à de simples vœux très innocents, il serait absurde de transformer les conseils généraux en corps électoraux politiques. Laissons donc, une fois pour toutes, chacun dans sa spère, et les fonctions n'en seront que mieux remplies.

S'adressera-t-on directement au suffrage universel en imposant à son choix certaines conditions d'âge et d'idonéité ? Ce procédé serait moins irrationnel ; néanmoins il ne me satisfait pas complétement, et pour plus d'une raison. D'abord c'est trop de suffrage, c'est trop d'élections ; à servir trop fréquemment, l'instrument s'userait trop vite. Ne voyez-vous pas déjà, même dans une phase de luttes passionnées, près de la moitié des électeurs déserter la route du scrutin ? Que serait-ce donc dans des temps plus calmes ? Le suffrage, en second lieu, ne peut vous donner que ce qu'il contient dans ses flancs ; et, s'il est à peine assez éclairé pour élire avec quelque discernement de simples députés, il ne lui faudrait rien moins que l'inspiration du Saint-Esprit pour découvrir les supériorités intellectuelles que vous lui demandez et pour les juger selon leur mérite. Compétence, aptitude : voilà des mots que nous oublions toujours. Dans leur fureur électorale, les zélateurs du suffrage universel lui attribueraient volontiers jusqu'au choix du directeur de l'Observatoire. Tout aussi bien feraient les Quinze-Vingts. S'il n'existe enfin aucun lien commun entre les deux Chambres, les conflits n'en seront que plus probables, et ce sont précisément les conflits qu'il faut chercher à prévenir.

Mes objections ont été prévues par M. Laboulaye, qui n'est pas plus que moi un dévot aveugle du dieu du jour. Les esprits supérieurs recherchent volontiers leurs semblables ; aussi le savant professeur propose-t-il de confier une part des élections à l'Institut, à l'agriculture, à l'industrie, au commerce, à l'armée et à la magistrature. — Va pour l'Institut ! Mais qu'est-ce que l'agriculture, considérée comme corps électoral? Y a-t-il là l'ombre seulement d'une corporation ? Est-ce rien de plus qu'une entité, une abstraction? Les comices agricoles! Ils n'ont ni droit, ni titres, ni qualité. Il en est de même de l'industrie et du commerce. Quant à l'armée et à la magistrature, j'en dirai ce que j'ai dit des conseils généraux : il faut laisser le soldat dans les camps et le magistrat au prétoire. Nous venons de suspendre, pour les militaires en exercice, le droit électoral : ce n'est pas pour le leur rendre perfectionné et plus étendu. La magistrature enfin n'a rien à gagner, ni en dignité ni en indépendance, à descendre de son siége pour traîner sa robe dans les arènes électorales. Cherchons ailleurs.

Je cherche et ne trouve pas. Faute de mieux, je proposerai d'extraire la seconde Chambre de la première. Si l'idée prête à la critique, tout au moins mérite-t-elle examen.

Dans ce système, la nation n'élirait au suffrage universel qu'une seule Assemblée; les députés seraient nommés pour trois ans. Après chaque période, l'Assemblée serait renouvelée intégralement.

J'ai dit *intégralement,* et j'y insiste. Le système des renouvellements partiels par voie de suffrages populaires présente plus d'inconvénients que d'avantages. Les élections seraient trop fréquentes, et l'agitation ne serait pas moindre. Que si l'on vise à obtenir l'esprit de suite et à conserver les traditions parlementaires, on peut y parvenir autrement. On le verra.

Investie pour trois ans de la souveraineté pleine et entière, qui n'en resterait pas moins immanente en principe dans la nation, l'Assemblée n'en garderait que la part qu'elle pourrait exercer par elle-même, c'est-à-dire les fonctions législatives; elle serait le tronc commun d'où sortiraient toutes les branches. Placer plus bas, à ras du sol, la bifurcation des pouvoirs, comme on l'a fait en 1848, ce serait courir de nouveau, de gaieté de cœur, aux coups d'Etat et aux révolutions.

Le premier acte de la première Assemblée serait donc de nommer un Président de la République, à qui seraient confiés les pouvoirs qui existent aujourd'hui ou à peu près.

Elle nommerait également un vice-président, lequel n'entrerait en fonctions qu'en cas de vacance par démission, décès ou autrement.

Tous deux seraient élus pour cinq ans. Toute durée moindre me semblerait incompatible avec les conditions d'une bonne administration intérieure et d'une sage conduite de nos affaires extérieures. Pour être en République, ce n'est pas une raison de s'éloigner par trop du régime prédominant en Europe, car pour elle comme pour nous-mêmes, l'Europe doit avoir confiance dans notre stabilité.

Le second acte de l'Assemblée serait de nommer une seconde Chambre de cent membres, de cent cinquante au plus, en en prenant moitié dans son sein, moitié au dehors.

La seconde Chambre serait nommée pour neuf ans et renouvelable par tiers tous les trois ans, de telle sorte qu'à son installation, chaque Assemblée nouvelle aurait à élire le tiers de la seconde Chambre. Ainsi choisie, celle-ci deviendrait bientôt, je ne me le dissimule pas, le principal rouage du gouvernement, et, loin d'y voir un inconvénient, j'y vois un avantage réel. Ce serait, comme l'est le sénat aux Etats-Unis, le véritable corps politique rompu aux affaires et gardien des traditions. Et voilà pourquoi je lui assigne une assez longue durée.

Quant à la première Chambre, décimée et veuve d'une partie de ses sommités, elle deviendrait principalement financière. Le budget annuel serait sa grande affaire, et il n'en serait voté qu'avec plus de soin. Au fond, quand la pensée se porte au-delà de nos temps troublés, il est permis d'espérer et de prévoir qu'on n'aura pas chaque année à faire ou à refaire de grandes lois d'organisation des municipalités, des départements, de l'armée et de l'instruction publique. Le budget, c'est là que tout vient aboutir, et qui tient les cordons de la bourse possède une assez large part de souveraineté. Se faire rendre compte à l'ouverture de chaque session de l'état des affaires ; discuter un message et y répondre si on le juge à propos ; voter l'impôt et les lois courantes ; puis se séparer en laissant une commission de permanence, sauvegarde des droits de la Chambre : voilà la besogne. Deux sessions par an, de trois mois chacune, y suffiraient. J'aime le mouvement et la vie ; l'éloquence même ne me déplaît pas trop lorsqu'elle ne dégénère pas en déclamation ; mais je n'aime pas le bruit, et les rouages d'un bon gouvernement ne doivent pas faire trop de bruit. Les assemblées ne savent pas tout ce qu'elles gagneraient à s'en montrer plus sobres. La fatigue produite vers la fin de 1851, par quatre années consécutives de débats orageux, n'a pas été pour rien dans la facilité avec laquelle la France a subi le coup d'Etat de décembre. Le silence qui y a succédé a été plus pernicieux encore, j'en conviens ; mais pour n'être pas condamné à la diète, il serait sage d'éviter l'intempérance.

De la première Chambre, je n'extrais que la moitié de la seconde. En tirer plus ce serait par trop l'écrémer ; n'en rien tirer du tout, ce serait, en se privant de services précieux, refuser une place, dans les conseils de la nation, à une foule d'hommes de mérite, qui s'y sont créé, par de profondes études ou par le maniement des affaires publiques, des droits légitimes. Telle était ma pensée lorsque je disais plus haut qu'il fallait mettre en œuvre pour la reconstruction de l'édifice social tous les éléments que nous avons sous la main. Dieu me garde de me brouiller avec le suffrage universel ! Mais puisqu'il est souverain, il doit entendre la vérité, et je ne le flatterai pas, moi qui n'ai jamais flatté personne. Par une fiction nécessaire, nous concédons au nombre l'autorité, mais non l'infaillibilité. Organe du sentiment public, le suffrage n'est pas toujours, je le répète, le fidèle interprète de la raison publique; que tout en émane, je le veux bien, mais à des degrés divers. Je ne saurais, sans mentir à ma conscience et sans méconnaître l'état d'éducation politique où en sont encore, hélas! les trois quarts de nos populations, rendre un plus grand hommage à la souveraineté du peuple.

Très accessible aux séductions de la place publique, le vote direct n'ira pas toujours chercher au fond de son cabinet tel ancien administrateur, tel ancien diplomate, tel érudit, tel savant, tel membre de l'Institut connu de toute l'Europe, excepté de la France, très apprécié dans les hautes régions de la société, mais d'autant moins populaire que ses œuvres auront été plus sérieuses. N'oublions pas enfin que l'Europe nous juge par le cas que nous faisons de nos illustrations. Eh bien! ce que les comices électoraux ne peuvent pas faire, une grande assemblée politique doit s'en charger avec une supériorité de compétence incontestable. Oui, encore une fois, le suffrage universel est aussi nécessaire à la marche d'un gouvernement que le souffle du vent au bâtiment dont il enfle les voiles ; mais impulsion n'est pas direction, et l'on n'a jamais prétendu que le vent tout seul réussisse à conduire un navire au port.

Il existe en outre une assez bonne raison pour donner aux deux Chambres une origine commune. Si elles procèdent l'une de l'autre, il est à espérer qu'elles seront animées d'un même esprit ; les conflits entre elles en seront d'autant plus rares ; mais, comme il faut néanmoins les prévoir, il s'agit de bien déterminer les attributions respectives et les responsabilités.

VII

J'aborde enfin la question délicate des attributions et des responsabilités, puis je conclus.

Dans mon système, la première Chambre serait purement législative ; elle aurait concurremment avec la seconde Chambre et le Président de la République, l'initiative des lois, qu'elle voterait seule et exclusivement.

La seconde Chambre aurait pour mission d'élaborer les projets de loi émanant de l'initiative gouvernementale et de faire les règlements d'administration publique pour l'exécution des lois, toutes fonctions que j'enlèverais au conseil d'Etat. Elle serait de plus appelée à délibérer sur les lois déjà votées par la Chambre législative, et que le Président de la République jugerait à propos de lui soumettre avant de les promulguer.

Ainsi, la loi votée est adressée au président de la République, qui, dans un court délai, doit la promulguer et la mettre à exécution, s'il l'approuve, ou bien, dans le cas contraire, la transmettre à la seconde Chambre.

Si la loi est adoptée par la seconde Chambre, elle devient loi de l'Etat, et le chef du pouvoir exécutif est tenu de la revêtir de sa sanction.

Si la loi n'est pas adoptée, elle est renvoyée à la Chambre législative qui en délibère de nouveau, et ne peut plus la voter qu'à la majorité des deux tiers des voix, auquel cas elle devient définitive, et ne doit plus rencontrer d'opposition de la part des autres pouvoirs publics.

Que si enfin la loi n'a pas réuni les deux tiers des votes effectifs, elle est renvoyée à la législature suivante.

En somme, les lois sont mûrement délibérées, et le dernier mot appartient, comme de raison, aux élus directs du suffrage universel.

Pour investir la seconde Chambre de fonctions qui lui vaillent respect et considération, je suis obligé de dépouiller le conseil d'État d'une partie de ses attributions. Je ne le regrette pas. Telles qu'elles sont aujourd'hui, les fonctions du conseil d'État me semblent trop multiples, trop complexes, et même incohérentes. On ne peut pas, on ne doit pas tout à la fois prendre une part active à la confection des lois, et se faire juge des litiges qui en surgissent. L'indépendance du juge, qui doit être non-seulement certaine, mais éclatante et au-dessus de toute suspicion, ne peut que souffrir de ce double rôle politique et judiciaire. Du conseil d'État pourquoi ne pas faire tout simplement un tribunal suprême du contentieux administratif, analogue à la Cour de cassation, jouissant de la même indépendance et placé à la même hauteur ? Le rôle serait encore assez beau, et les lois de la logique seraient respectées. Le titre, à la vérité, ne répondrait plus à la fonction ; mais qu'importe un titre ?

Il ne reste plus à déterminer que les fonctions du chef du pouvoir exécutif, et, sur ce point, tout le monde est à peu près d'accord. Le premier magistrat de la République représente la France à l'intérieur et à l'extérieur; il fait et signe les traités de paix et de commerce, et notifie les déclarations de guerre après l'approbation des deux Chambres; il promulgue et sanctionne les lois; il gouverne enfin, à l'aide des agents de tout ordre, qu'il nomme et révoque en se conformant aux lois.

A faire part égale à la stabilité et au progrès, et à pencher même un peu, j'y suis enclin, du côté de la stabilité, tel pourrait être, en somme, et sauf quelques rouages d'une importance secondaire, le mécanisme d'un gouvernement républicain. J'ai peu innové et je m'en félicite. En pareille matière, il n'y a théorie qui vaille les leçons de l'expérience. Du reste, avant de présenter mon projet à l'Assemblée, je l'avais soumis aux lumières des hommes les plus compétents, et j'ai été heureux de recueillir leur assentiment; mais je suis loin d'espérer le même accueil de la commission des Trente, car je ne saurais me rencontrer avec elle sur le terrain de la responsabilité ministérielle, où s'est retran-

chée et barricadée la majorité de la commission.

Au point de vue politique, qui doit être responsable, du Président de la République ou de
ses ministres ?

Si la question était posée à un élève bache-
lier, la réponse ne serait pas douteuse. La responsabilité, dirait-il dans le langage de l'école,
est adéquate à la liberté. Dans l'ordre moral,
sont irresponsables les enfants et les fous ; dans
l'ordre légal, les incapables et les interdits.
Aussi n'agissent-ils pas. Or, en l'espèce, qui
agit ? qui gouverne ? Le chef de l'État. La question est résolue : il doit rendre compte.

Qu'un chef de gouvernement réunisse en conseil ses ministres, qu'il prenne leur avis, qu'il
en fasse même grand cas, je le veux bien : jamais homme sensé ne se privera des lumières
d'auxiliaires précieux, expérimentés, éprouvés,
choisis de sa main, étroitement unis enfin avec
lui dans une communauté de vues politiques.
Mais quel qu'il soit, l'avis des ministres ne sera
qu'un avis ; il n'engagera que leur responsabilité morale et rien de plus. Survienne un dissentiment grave sur une question capitale, tout

ministre consciencieux doit se retirer des conseils du gouvernement. Agir autrement, ce serait ou s'avilir soi-même en participant à des actes qu'on réprouve, ou avilir le chef de l'État, en lui imposant des actes contraires. Et je ne crois pas que l'ordre puisse régner longtemps chez un peuple dont le premier magistrat ne serait plus respecté par ses premiers subordonnés.

Tout autrement l'entendent, je le sais bien, les monarchistes francs ou déguisés qui dominent dans l'Assemblée et dans la commission des Trente. De la responsabilité ministérielle, ils se font aujourd'hui une échelle pour escalader le pouvoir; demain ils s'en serviront comme d'un bélier pour le démolir. Pourquoi se prennent-ils d'une si belle passion pour un principe qu'ils n'avaient jamais invoqué jusqu'à ce jour? Parce que le mandat de l'Assemblée touche à son terme, et qu'il devient urgent de s'emparer de l'armée des fonctionnaires publics, afin de la lancer à fond de train dans l'arène électorale. Voilà le but, et rien ne les en fera dévier; M. Thiers lui-même y perdra sa peine. Raisonner, discuter avec de tels alversaires, tout autant vaudrait argumenter les statues qui décorent nos galeries. Aux indécis, aux abusés, aux illusionnés, s'il y en a encore, je me bornerai à dire quelques mots.

La responsabilité ministérielle est d'origine monarchique ; c'est mieux qu'un principe politique, c'est un dogme quasi-religieux, puisqu'elle suppose que le roi ne peut mal faire ; sincèrement pratiquée, si elle pouvait l'être, elle aboutirait à l'omnipotence des Assemblées, c'est-à-dire au pire des despotismes, à moins d'être tempérée par le droit de dissolution. Ce droit, qui seul rétablirait l'équilibre, MM. les royalistes sont-ils disposés à le concéder à M. le Président de la République ? A titre de mesure transitoire, j'y souscris, l'avenir demeurant expressément réservé.

J'abrége : le temps vole. Chaque heure nous rapproche de l'heure décisive. Dans nos bureaux comme en séance publique, on se compte, on ne discute plus. Quel que soit le sujet traité, il n'y a pas plus de sens moral dans nos boules de scrutin que dans les balles échangées entre bataillons ennemis. Aux yeux de chaque combattant, la vérité revêt la couleur de son drapeau. Les mots même n'ont plus de sens. Nos adversaires s'enfarinent de conservation sociale, de même qu'à Rome on s'enfarine de théologie pour faire de la politique. Socialisme et radicalisme sont pour eux, comme autrefois le jansénisme et le quiétisme, un pot au noir à barbouiller tout le monde. La gauche est socialiste, le centre gauche est radical, et pour peu qu'il résiste encore, M. Thiers lui-même sera socialiste et même communard! Il n'est pas jusqu'à mon projet de constitution, conservateur entre tous, qui n'ait été traité de radical et stigmatisé comme tel par des journalistes qui ne l'avaient pas lu! Attacher la moindre importance à tout ce *papotage* soi-disant politique, ce serait être par trop naïf. Que nous reste-t-il donc à faire à nous, sentinelles avancées du droit? A tirer au clair les questions que l'on s'efforce d'embrouiller; à lancer des pots à feu dans le camp de l'ennemi, afin d'éclairer ses manœuvres; puis à tenir haut et ferme, dans la mêlée prochaine, le drapeau de la République, afin que le peuple reconnaisse les siens.

APPENDICE

—

PROJET DE CONSTITUTION

Présenté le 8 Janvier à l'Assemblée Nationale

Par M. Pierre LEFRANC

—

ARTICLE PREMIER.

La souveraineté réside dans l'universalité du peuple français. Elle est inaliénable et imprescriptible. Aucune fraction du peuple ne peut s'en attribuer l'exercice.

ART. 2.

La souveraineté se délègue tout entière à une Assemblée unique de six cents membres élus par le suffrage universel et direct. L'Assemblée est élue pour trois ans. Ses membres sont inviolables. Ils sont rééligibles.

ART. 3.

Immédiatement après sa constitution, l'Assemblée procède à l'élection d'une seconde Chambre composée de cent cinquante membres, en en prenant moitié dans son sein et moitié au dehors.

La seconde Chambre est élue pour neuf ans. Elle se renouvelle par tiers de trois en trois ans. Les deux premiers renouvellements s'opèreront par voie de tirage au sort. Les membres sortants sont rééligibles.

Par exception, la première Assemblée élira la seconde Chambre tout entière. Les Assemblées suivantes pourvoiront aux vacances et au remplacement des fractions dont les pouvoirs sont expirés.

ART. 4.

L'Assemblée élit également un chef du Pouvoir exécutif qui prend le titre de Président de la République, et de plus un Vice-Président qui, pour le reste de la période à courir, sera investi de plein droit des fonctions de la présidence en cas de vacance par démission, décès ou autrement. En attendant, il préside la seconde Chambre.

Ces deux fonctionnaires sont élus pour cinq ans. Ils ne sont rééligibles qu'une seule fois.

ART. 5.

Les lois sont votées exclusivement par l'Assemblée qui, après ses deux élections faites, prend le titre de Chambre législative. Elle a l'initiative des lois concurremment avec la seconde Chambre et le Président de la République.

ART. 6.

La loi votée par la Chambre législative est adressée au Président de la République qui, dans un délai de dix jours, est tenu de la promulguer et de la mettre a exécution, ou de la soumettre aux délibérations de la seconde Chambre.

Si la loi n'est pas repoussée par la seconde Chambre, elle devient loi de l'Etat, et le Président de la République est tenu dans les dix jours de la revêtir de sa sanction.

Si la loi est rejetée ou modifiée, elle est renvoyée à la Chambre législative qui en délibère de nouveau, et ne peut plus la voter qu'à la majorité des deux tiers des voix, auquel cas elle devient définitive.

Si la loi enfin n'obtient pas les deux tiers des votes effectifs, elle ne peut être reprise que par la législature suivante.

ART. 7.

Outre les attributions qui lui sont dévolues par l'art. 6, la seconde Chambre prépare les projets de loi qui lui sont soumis par le Président de la République et fait les règlements d'administration publique pour l'exécution des lois.

ART. 8.

Le Président de la République représente la France à l'intérieur et à l'extérieur. Il fait et signe les traités de paix et de commerce et notifie les déclarations de guerre après l'approbation des deux Chambres. Il gouverne au moyen des agents de tout ordre qu'il nomme et révoque en se conformant aux lois.

Il a le droit d'être entendu dans les deux Chambres, lorsqu'il en a fait la demande, ou de s'y faire représenter par des Ministres de son choix.

ART. 9.

Le Président de la République est responsable. Il ne peut être traduit en accusation, pour violation des lois, et forfaiture ou trahison que par la Chambre législative, et jugé que par la seconde Chambre.

Par le fait seul de sa mise en accusation, les pouvoirs du Président sont suspendus jusqu'à jugement, et exercés par le Vice-Président.

Tous les agents du Pouvoir exécutif, y compris les Ministres, sont responsables individuellement et chacun en ce qui le concerne, de leurs propres actes. Ils sont justiciables des tribunaux ordinaires. Leur responsabilité sera définie par une loi spéciale.

ART. 10.

Le Conseil d'Etat ne remplira plus que les fonctions de Cour suprême du contentieux administratif.

Paris, typ. Balitout, Questroy et C°, 7, rue Baillif.